LE TRÉSOR
DES
FEMMES LABORIEUSES
ou
GUIDE POUR LA PRÉPARATION
la Confection et la Conservation
DU LINGE DE MÉNAGE

NOUVEAU GENRE D'ÉTOFFE
mis à la portée de tout le monde

PAR J. GOYDADIN
Instituteur à Montmorot (Jura)

Prix : 20 centimes

EN VENTE

À Lons-le-Saunier, chez M. Pégalle, libraire
Et à Montmorot, chez l'auteur

LE TRÉSOR

DES FEMMES LABORIEUSES

LONS-LE-SAUNIER, IMPRIMERIE DE HENRI DAMELET.

86-70

LE TRÉSOR

DES

FEMMES LABORIEUSES

OU

GUIDE POUR LA PRÉPARATION

La Confection et la Conservation

DU LINGE DE MÉNAGE

NOUVEAU GENRE D'ÉTOFFE

mis à la portée de tout le monde,

PAR J. GOYDADIN

tisserand à Montmorot (Jura).

Prix : 50 centimes

EN VENTE:

A LONS-LE-SAUNIER, CHEZ M. ESCALLE, LIBRAIRE
ET A MONTMOROT, CHEZ L'AUTEUR

PRÉFACE.

Il y a pour tout métier un guide fait ou à faire ; ce guide, je viens de l'écrire en ce qui concerne le métier de tisserand.

Dans mes moments de loisir, j'ai cherché, j'ai demandé à être renseigné sur les divers modes de tissage qui ont existé depuis les temps anciens jusqu'à nos jours. J'ai vu que les diverses mécaniques employées dans les grandes manufactures industrielles ont subi bien des modifications depuis l'époque de leur invention. Mais le tissage à la main, tel qu'il se pratique dans presque tous les pays, a toujours été oublié.

C'est pourquoi, né tisserand, ayant été en rapport avec beaucoup de maîtres et d'ouvriers, ayant confectionné des étoffes de toutes compositions, tant pour le commerce que pour la commande, j'ai voulu émettre certaines idées qui m'ont paru de nature à intéresser tout le monde, le riche comme le pauvre, le consommateur comme le fabricant.

Je parlerai des genres d'étoffes faites en coton,

chanvre, lin ; mais celle sur laquelle je m'appuierai le plus, sur laquelle j'appellerai toute l'attention possible, c'est l'étoffe en coton retors dont je me suis spécialement occupé depuis une quinzaine d'années.

Cette étoffe est encore peu connue, malgré sa grande supériorité sur les autres par sa durée, sa souplesse et surtout par la facilité de la faire confectionner soi-même.

Les personnes qui ont du goût pour le linge de ménage me sauront gré de leur faire connaître cette étoffe qu'elles appelleront comme moi étoffe bien précieuse quand elles en connaîtront l'usage.

Je veux, dans ce livre, m'attacher principalement à faire ressortir la différence des étoffes, et mettre cette différence en quelque sorte sous les yeux du lecteur. Je joindrai quelques observations pour les personnes qui récoltent du chanvre, et qui ont l'habitude de faire confectionner leur toile elles-mêmes. Enfin, je donnerai quelques explications sur le tissage pour mettre chacun en rapport direct entre l'ouvrier et son ouvrage.

Puisse cet humble exposé, fruit des recherches et de l'expérience d'un pauvre tisserand, être sympathiquement accueilli de toutes les personnes intelligentes et intéressées à avoir du bon linge. Il sera pour elles d'une grande utilité ; et j'espère, qu'étant compris, j'aurai rendu un service à la société ; ce sera pour moi la plus douce récompense.

LE TRÉSOR
DES FEMMES LABORIEUSES

CHAPITRE PREMIER

Du Tissage.

Je ne veux pas ici rechercher l'origine du tissage, ni remonter aux temps où l'homme n'avait pour tout vêtement que des peaux d'animaux. Les étoffes sont si communes aujourd'hui que très-peu de personnes se donnent la peine d'apprécier leur différence.

En effet, de combien de manières ne tisse-t-on pas de nos jours? En uni, en croisé, à quatre fils. à trois fils avec ou sans envers, en rayé mélángé-à l'infini. Mais l'étoffe la plus commune, la plus ancienne et aussi la meilleure, c'est l'étoffe unie, c'est-à-dire croisée un à un.

Beaucoup de personnes soutiennent, et cela avec conviction, que l'étoffe croisée est la meilleure par la raison toute simple qu'elle est plus fournie. Grave erreur! Elle est vraiment plus épaisse; il y a plus dé matière, elle revient plus cher; mais elle n'a pas la durée qu'on lui suppose, attendu que le fil, passant par-dessus trois fils avant d'être retenu par le quatrième, ne peut pas être retenu aussi solidement que s'ils se croisaient un sur un.

Le croisé à quatre fils est bon pour certains tissus qui, par leur usage, seraient susceptibles de se couper; car, étant plus souple, il se prêterait mieux au mouvement. Mais, en général, le tissu croisé n'est bon que pour des ouvrages de luxe, et principalement pour le linge de table qu'on veut orner de dessins de manière à pouvoir le retourner indistinctement à l'envers et à l'endroit.

Le croisé à trois fils aurait la préférence sur celui à quatre pour la durée et la finesse de l'étoffe, mais il n'est guère pratiqué par les tisserands que pour des droguets ou tissus recouverts en laine, en linge de table ; il est presque abandonné, car il ne fait pas ou très-peu ressortir le dessin.

Il y a encore bien des manières de tisser employées dans les grandes fabriques, pour donner de l'élégance, de la nouveauté aux étoffes. On y emploie, pour varier le tissu, toutes sortes de moyens, de couleurs et de compositions. On en voit en soie, en laine, en fil, mélangés ou séparés. La variété de ces étoffes est infinie ; il y en a pour tous les goûts et pour toutes les saisons. Mais comme elles ne sont pas toutes de première nécessité, occupons-nous seulement de celles qui sont indispensables, c'est-à-dire de celles qui concernent le linge de ménage.

Chacun porte des chemises, chacun couche dans des draps, et l'étoffe la plus connue, la plus appréciée pour cet usage, est l'étoffe unie, c'est-à-dire croisée un à un. Mais il y en a de tant de compositions, il y a tant de manières de la tisser qu'il serait utile de partager le sujet pour ne pas faire de confusion, car souvent elle dépend de sa composition, et souvent aussi de la manière dont elle est travaillée. Parlons de la composition.

Les étoffes les plus connues et les plus recherchées jusqu'à présent sont les toiles de chanvre. Leur usage est tellement apprécié que ce que nous avançons ne saurait être mis en doute. Effectivement, la toile de chanvre est une étoffe réellement solide, fraîche et saine. Si on lui reproche quelque chose, c'est sa dureté, alors qu'elle n'est pas usagée, et son impuissance à conserver la chaleur. Elle a encore l'inconvénient de se pourrir et de se couper, mais ces imperfections dépendent du plus ou moins de soin des personnes qui en font usage, ou de l'ouvrier qui la confectionne.

La toile de lin est aujourd'hui répandue partout, mais elle arrivera difficilement à égaler le chanvre. Elle est douce, unie, serrée ; elle a même une transparence qui flatte ; mais elle est loin d'avoir une force, une résistance qui puisse contenter les ouvriers et les gens de la campagne. Elle est encore plus que le chanvre sujette à se pourrir par l'humidité.

Enfin, parmi toutes les étoffes de ménage généralement connues, on distingue encore les tissus de coton. On en fait usage pour chemises, draps et habillements de toutes sortes. Le coton à la préférence sur le chanvre et le lin, pour sa durée, sa souplesse, et pour la conservation de la chaleur animale.

Le coton est tellement estimé et si facile à se procurer, que beaucoup de personnes l'emploient en couverture sur du fil, que toutes les grandes fabriques l'emploient simple, en chaîne et en trame, pour l'usage que je cite plus haut. Il est reconnu qu'il supporte mieux l'humidité, et qu'il n'a pas l'inconvénient de se pourrir et de se couper. Tous ces avantages lui donnent une supériorité incontestable ; aussi est-il d'un très-grand usage tant tricoté que tissé.

J'ai cherché et trouvé dans le coton une ressource qui n'est pas à dédaigner, pour les personnes qui ne récoltent pas de chanvre, et pour les travailleurs qui ont besoin d'avoir du linge solide ; cette ressource est dans le coton retors.

Après avoir examiné le calicot qui prouve assez combien le coton peut se filer fin, et qui néanmoins ne peut pas donner une force suffisante pour les gens qui travaillent de force, j'ai imaginé de l'employer retordu en chaîne sur nos métiers ordinaires. Le succès que j'ai obtenu, soit comme durée, soit comme prix de revient, a été au-dessus de mon attente; et je regarderais comme une faute de ma part de ne pas le porter à la connaissance du public et des tisserands, mes confrères.

CHAPITRE II.

Du coton retors.

Toute matière textile, lin, chanvre, coton, etc, a ce qu'on appelle le grand cœur, c'est-à-dire la partie la plus forte, la plus fine, la plus déliée, et par conséquent pouvant arriver à une grande finesse de filature, au moyen d'un mécanisme qui tient toujours le fil à une grosseur uniforme et à une égale torsion.

Le coton, dis-je. peut arriver, par là même, à une grande finesse, et s'assembler en tel nombre de fils que l'on désire. La préférence, pour le tissage, doit être accordée aux trois fils : ces trois fils assemblés, on les retord. C'est ainsi qu'on arrive à tripler sa force et à lui donner de la souplesse. Il est déjà connu sous ce mode pour les ouvrages de couture, mais il a besoin d'être apprêté. Chacun peut s'assurer de sa force et de son uniformité ; chacun peut voir en même temps s'il doit être facile à tisser.

Etant d'une régularité parfaite, les inégalités ne remplissent pas l'étoffe; possédant la partie la plus fine et la plus soyeuse, il est par conséquent moins lourd et tire plus long. Ce coton peut se tisser sur nos métiers aussi bien, sinon mieux, que du fil; la préparation, soit pour le devidage. soit pour l'ourdissage, est la même ; l'opération du collage, indispensable à ce dernier, lui est inutile, son fil fort et souple se soutenant sous l'action du travail.

L'ouvrier a moins de peine et le mécanisme se conserve mieux. Je dis que l'ouvrier a moins de peine, non-seulement à cause du travail et de la fatigue non-seulement d'une journée souvent commencée avant le jour et se prolongeant à une heure avancée de la nuit, mais parce que la matière collée ne peut être travaillée que dans des endroits humides et presque toujours fermés. Je vous laisse à comprendre si un homme, passant sa vie dans un sous-sol privé d'air, ne compromet pas sa santé en même temps que le travail qu'il fait. C'est donc une grande amélioration pour l'ouvrier aussi bien qu'un progrès pour l'étoffe.

Ayant l'intention de me faire comprendre pratiquement et surtout d'une manière logique, je vais faire une comparaison de l'étoffe que je vous propose avec d'autres, telles que calicot, indienne, toutes tissées avec du coton simple, c'est-à-dire à un fil.

Je suppose donc une chaîne de douze cents fils pour une largeur de quatre-vingts centimètres. Il faut assurément un fort apprêt et un mécanisme très-léger pour empêcher les fils de se rompre. Eh bien ! supposez qu'au lieu de fil simple vous preniez trois fils retors ensemble, vous arriveriez à trois mille six cents fils en chaîne. Ajoutez-en autant en couverture, et vous avez une étoffe qui possède sept mille deux cents fils dans quatre-vingts centimètres carrés.

Avec ce nombre de fils ai-je besoin de vous donner d'autres garanties de solidité ? Vous savez comme moi que l'étoffe en coton est beaucoup plus malléable que l'étoffe de chanvre ou de lin, et qu'elle ne se coupe pas comme ces dernières étoffes.

Un immense avantage aussi qu'offre l'étoffe en coton, c'est de ne pas craindre l'humidité, si pernicieuse aux autres matières lorsqu'on n'a pas soin de les faire sécher avant de les entasser. La souplesse, qu'aucune autre étoffe ne peut égaler, lui permet de s'étendre en tous sens de quatre à cinq centimètres par mètre. Le blanchissage lui est inutile ; après un lavage ou deux pour la façonner et la faire retirer, vous obtenez un très-beau blanc. Ne vous imaginez pas une étoffe épaisse comme celle que l'on fabrique avec du coton simple. Non, elle est minée, serrée, dégagée, facile à coudre et n'embarrassant pas plus le corps que de la bonne toile de chanvre blanchie.

Enfin, elle est légère durant l'été, et, l'hiver, elle garantit du froid aussi bien que de la laine.

Je dis qu'elle est légère en été : en effet, lorsque le corps est en transpiration, les chemises en fil s'imbibent de sueur et la conservent, de sorte que l'on a, pendant quelque temps, un corps mouillé adhérant à la peau, ce qui peut occasionner des maladies: refroidissement, rhumatisme, etc. Tandis que le principe de spongiosité que possède le coton refoule au dehors la transpiration et laisse le corps sec et dans un état normal de chaleur.

L'étoffe en coton retors est donc celle que je propose pour linge de ménage, tel que chemise, drap; et pour habillement de travail : tablier, robe, jupon, pantalon même, nappe et serviette. Pour chemise, on peut compter, avec un nº 18 ou 20, avoir une étoffe fine, serrée et unie tout le long de la pièce ; pour draps, le nº 14 ou 16 donne encore une étoffe fine et plus forte, toujours suivie.

Pour habillement il y a du coton retors bleu. On fait un rayé bleu et blanc à 1, 2, 3 fils, c'est très-propre et convenable pour le travail d'été, et pour l'hiver on peut, avec une chaîne de coton retors bleu, faire un droguet avec une couverture en laine nuancée, ce qui est cent fois plus élégant et plus solide que tous ces draps imprimés, peaux de diable et autres, et qui ne revient pas si cher tout en faisant plus d'usage.

Pour nappe et serviette, on peut arriver à un très-bon travail gaufré, satisfaisant l'œil et pouvant servir à plusieurs générations.

Beaucoup de personnes croient que cette étoffe doit revenir bien cher, et se découragent sans penser à ses propriétés et à sa durée. C'est à tort ; si elle était hors de prix, je ne la proposerais pas à tout le monde. Je me hâte de le dire, elle ne coûte pas plus que de la toile de chanvre ordinaire, et elle a l'avantage de faire une fois, deux fois plus d'usage. tout en évitant beaucoup d'embarras.

Voulez-vous, par exemple, quarante mètres d'étoffe pour chemises, d'une largeur de quatre-vingts centimètres ? Achetez deux paquets de coton nº 18 ou 20, à trois fils ; le paquet étant de cinq kilos, les deux paquets péseront dix kilos ou vingt livres, à raison de deux francs à deux francs cinquante centimes l'une. Vous portez au premier tisserand venu qui peut tisser votre étoffe à raison de cinquante centimes par mètre. Il vous rendra quarante mètres à peu près, car la livre de ce nº peut faire deux mètres de cette largeur, attendu que le déchet est insignifiant par suite de la bonne qualité de la marchandise. Pour tout autre usage que pour chemises, on peut employer du coton simple en couverture, ce qui donne encore de la très-bonne étoffe pouvant faire un bon usage.

Comme on vient de le remarquer, on peut avoir de la très-bonne étoffe à raison de 1 fr. 60 ou 1 fr. 75 le mètre. Comme les prix d'achat et de façon sont assez variables, l'estimation que je viens de faire n'est qu'approximative. Il est bien entendu que le prix serait plus élevé pour une étoffe plus large.

Et notez bien le grand avantage que l'on trouve à faire fabriquer soi-même son étoffe. Il est possible d'acheter du coton au moins dans toutes les villes, et de le faire tisser par un tisserand quelconque qui n'a rien à changer, ni dans son métier, ni dans ses habitudes.

Pour pouvoir mieux juger de l'économie et de la qualité de l'étoffe que je viens de faire connaître, il serait utile d'entrer dans quelques détails de comparaisons et d'observations sur les étoffes en fil, signaler leurs imperfections, les embarras et les dépenses qu'elles entraînent relativement au coton. Cet examen nous amènera, je l'espère, à tomber d'accord sur les avantages de la première.

CHAPITRE III.

Comparaison des étoffes. — Différences du coton avec le fil.

Ainsi que nous l'avons déjà dit, l'humidité est excessivement pernicieuse pour les étoffes en fil, et beaucoup de personnes négligentes ont certainement tort de ne pas les faire sécher lorsqu'elles sont mouillées.

Laissez pendant quelque temps, 15 jours par exemple, une chemise de fil mouillé de transpiration ; laissez-la dans un endroit où l'air ne circule pas, vous la retirez les trois-quarts en lambeaux. Si votre étoffe est fil et coton, la même expérience vous donne le fil totalement pourri et le coton parfaitement conservé.

D'où vient cette différence ? certainement de la nature de la matière de l'un et de l'autre. Mais je préfère vous donner le conseil de tenir votre linge dans un endroit sec et aéré plutôt que de chercher à vous expliquer la cause, ce qui n'est pas dans mon sujet. Quoi qu'il en soit, la conséquence naturelle est en faveur des étoffes en coton, lesquelles ne sont pas exposées à cette dépréciation. Combien de personnes, en été surtout, pendant les grands travaux de la campagne, sont dans un état permanent de transpiration, et ne changent pas de linge? Qu'arrive-t-il alors? L'étoffe n'ayant pas de souplesse s'use dans la partie du corps le plus en mouvement, c'est là surtout que la chemise manque. Aussi n'est-il pas rare de se trouver dans l'obligation de remettre un dos à une chemise, presque neuve. D'un autre côté, si l'on change son linge mouillé, presque toujours on ne pense pas à l'étendre; on le jette dans un coin et on l'oublie. Ce linge est souvent recouvert par un autre, ce qui est très-préjudiciable à l'étoffe. Ainsi dans les travaux de la campagne, au moment des récoltes, par exemple, on laisse de côté bien des choses; et pourtant qu'est-ce que le linge, sinon une valeur représentant de l'argent ou une partie de votre récolte?

Un des grands inconvénients à noter dans les étoffes en fil, c'est de se couper. En effet, le fil est un végétal dont l'écorce filamenteuse est très-cassante par sa nature même. Il est donc nécessaire que les diverses opérations du tissage se fassent dans de bonnes conditions. Ainsi, si votre tisserand serre un peu, la toile est raide comme du carton, et ne peut arriver que difficilement à supporter le froissement qui lui est demandé, surtout si elle est destinée pour chemises, et que la personne qui l'utilise fatigue beaucoup. On s'aperçoit qu'elle se coupe, car la toile de fil se coupe plutôt qu'elle ne se prête.

Le cas que je cite n'est malheureusement que trop fréquent. La plupart des personnes qui font tisser recommandent au tisserand une toile forte; alors voulant plaire à ses clients, il monte sa pièce forte en chaîne, et ceci, joint au coup de battant un peu plus fort que d'habitude, vous donne un tissu que l'on peut comparer à une feuille de zinc. Voilà une grave erreur de laquelle on ne saurait trop se corriger.

Pour le coton, c'est bien différent. La matière provenant d'un fruit est plus déliée. Quel que soit le mode de t'ssage qu'on lui donne, serré ou non, il se prête toujours au mouvement ; il se laisse plier à volonté, il se laisse arrondir, aplatir et étendre en tout sens sans perdre ni de sa force ni de sa souplesse.

Il est une autre considération de la plus haute importance que je signale à mes lecteurs pour qu'ils l'approfondissent et réfléchissent avec tout le sérieux que mérite la question : je veux parler du prix de revient de la toile de chanvre.

Le cultivateur ne compte pas généralement, ou s'il compte, c'est moins son travail que ses dépenses. Néanmoins, si vous voulez bien me suivre dans l'estimation d'un mètre de votre étoffe, vous mettrez d'abord au débit :

Terrain propice au labour ;

Retourner le sol au moins deux fois, soit à la bêche, soit à la charrue ;

Engrais avec prodigalité et semence ;

Travail nécessaire pour bien unir le terrain après avoir semé ;

Arracher le chanvre au moment de la récolte, le faire rouir, teiller, passer à la ribe, peigner, filer, et en dernier lieu tisser.

Additionnez avec soin vos dépenses d'un côté, et vos peines de l'autre, et voyez le résultat. Si je mets à 2 francs ou 2 francs 50 le mètre carré, je ne crois pas exagérer, et encore faut-il que l'année soit bonne. La statistique donne au moins quatre années sur dix de mauvaise récolte du chanvre. Mais j'admets une bonne saison ; que d'ennuis suscités par le simple fait de la fileuse. Beaucoup de ménagères ne peuvent faire ce travail elles-mêmes, alors elles donnent à filer au dehors.

L'hiver, la fileuse de profession, à raison de cinquante centimes le 1/2 kil., peut à peine gagner sa vie. Aussi elle tire à l'avance, et le fil est loin d'avoir la régularité que l'on pourrait exiger de la matière, soit œuvre ou étoupe, qui est souvent très-belle.

N'allez pas croire, chers lecteurs, ou plutôt chères lectrices, que j'ai un parti pris contre le chanvre. Non, pauvre ouvrier tisserand ayant besoin du public, Dieu me garde de votre antipathie ! mais ayant travaillé toute ma vie sur ces étoffes, j'ai acquis de l'expérience, j'ai fait des essais ; et les résultats que j'ai obtenus en coton retors sont plus que suffisants pour les soumettre à votre appréciation.

Aussi le chanvre aura toujours ses qualités et son prix ; mon livre est principalement destiné aux personnes qui n'en récoltent pas.

CHAPITRE IV.

Suite des comparaisons, et avis aux personnes qui achètent leurs toiles.

Le linge de ménage est le grand souci de la femme laborieuse ; elle y consacre ses soins, ses économies ; je dirai plus, elle y consacre une grande partie de ses nuits. Aussi on ne peut pas dire son inquiétude lorsqu'il s'agit d'acheter une pièce de toile.

L'ouvrier des villes, et une grande moitié des populations villageoises qui ne récoltent pas de chanvre, mettent de côté leurs petites économies pour faire l'acquisition d'une pièce de toile, petite ou grande selon leurs besoins et l'argent qu'ils ont à leur disposition.

Voilà donc nos bonnes gens à la recherche d'un

marchand assez consciencieux pour leur vendre du bon, comme disent nos bonnes femmes. En fait de magasin, vous n'avez que l'embarras du choix ; chacun se pique de vendre meilleur et à meilleur marché que ses confrères. C'est toujours pur lin ou tout chanvre, de la véritable toile de ménage fabriquée à Chaussin ou ailleurs, blanchie à la rosée dans nos pays, ou sortant des meilleures fabriques, etc., etc. Vous allez de magasin en magasin: toujours le même refrain. Alors, vous vous décidez, et souvent vous tombez sur une pièce bien unie, bien blanche et bien apprêtée, mais unie peut-être et tissée soit avec des orties ou du lin mélangé qui rend l'étoffe incapable de faire un bon usage.

Les nombreuses fabriques de toile sont arrivées vraiment à une perfection telle que le tisserand ne peut rien leur opposer. Mais, en filature, pour arriver au bon marché, on fait des mélanges de matières, et l'acheteur est souvent inhabile à connaître la composition de l'étoffe qu'il a sous la main.

Lorsque les fabriques auront adopté l'étoffe en coton retors, le grand fabricant comme l'humble ouvrier, il ne sera plus possible d'être trompé ; chacun pourra s'apercevoir et reconnaître par lui-même si c'est coton ou fil ; le savant comme l'ignorant verra si l'étoffe est en coton simple ou retors. Personne ne pourra se plaindre et trouver de l'apprêt ; car, je vous l'ai dit, le coton retors se tisse sans aucun collage, et en sortant du métier on croirait, vu sa flexibilité, qu'il a déjà été usagé. Ce n'est qu'au premier lavage que l'étoffe prend un peu de fermeté

Il y a des personnes qui ne récoltent pas de chanvre, et qui ont été tellement trompées en achetant de la toile qu'elles ont recours à un autre moyen: elles achètent du fil. Ce mode de faire vaut mieux pour être sûr ; il réussit parfois, pourvu que vous ayez du temps à dépenser pour aller chercher du fil qui se ressemble en grosseur.

J'ai tissé quelquefois des pièces assez bien réussies, je dirai même très-bien. Mais combien d'autres fois ai-je eu des désagréments pour monter ma pièce ; car vous achetez souvent de cinq ou six sortes de fils qui ne se ressemblent d'aucune façon. Comment veut-on qu'une pièce soit bien traitée et bien suivie avec de la pareille marchandise. Tout le talent, la patience et la bonne volonté d'un ouvrier ne peuvent suffire à régulariser l'étoffe ; et, malgré ses efforts, il ne parviendra qu'à faire de la marchandise fort médiocre, car les inégalités du fil font que la toile ne peut être d'un bon usage. De là des reproches au tisserand qui a gagné peu de chose en se donnant bien de la peine.

Toutes ces observations et comparaisons ont été pour moi un sujet d'études quotidiennes. J'ai été en rapport avec les gens des villes et des campagnes, pour la commande comme pour la vente ; ayant toujours pratiqué l'état de tisserand, j'ai pu juger et apprécier combien les personnes d'ordre attachaient d'importance à leur linge de ménage.

Dans le principe, quelle prévoyance ! quelle recommandation ! mais aussi quelle joie alors qu'elles étaient satisfaites !

Les personnes qui achètent du fil recherchent avec empressement les pays dont les produits, en fait de chanvre, sont renommés ; elles vont aux foires et souvent ne trouvent rien, même après plusieurs voyages. Dans certaines maisons, c'est une passion véritable ; on aime mieux laisser moins d'argent à ses enfants, et avoir ses armoires garnies de beau linge. Personne mieux que nous, tisserands, n'est à même de juger et d'apprécier ces choses.

Après un pareil rapport, ai-je encore besoin de faire ressortir tous les avantages que l'on peut retirer en adoptant les étoffes en coton retors ?

Chacun peut voir, avec moi, combien de déplacements et de dépenses de moins ; combien de sécurité de plus dans la qualité de l'étoffe, et quelle facilité pour la faire tisser.

CHAPITRE V.

Applications générales des étoffes en coton retors.

La classe bourgeoise, les maisons riches peuvent également adopter l'étoffe en coton retors. Quel que soit l'usage auquel on veut approprier l'étoffe, chemises, draps, nappes, serviettes, etc., on trouve toujours, dans les filatures de coton, des numéros pour satisfaire toutes les volontés, soit que l'on veuille du fort, du fin et même de l'élégant.

Parlons maintenant des maisons de bienfaisance, hospices, refuges, etc., où il faut un entretien de linge quotidien. Quelle ressource pour ces maisons d'avoir la facilité de faire tisser, à leur volonté, telle ou telle étoffe, selon les besoins! Quelle économie n'y aurait-il pas, soit pour le lavage, soit pour le raccommodage ; car, sans aucun doute, elle aurait au moins le double de durée.

Depuis une quinzaine d'années que je fabrique ce tissu, toutes les personnes qui en ont acheté pour pantalons, pour jupons, reviennent avec une confiance qui est pour moi le meilleur des certificats. J'ai notamment confectionné pour l'hôpital de Lons-le-Saunier sept à huit cents mètres de cette étoffe pour rideaux, dont on a été très-satisfait. Cette affaire m'a valu une commande de la même importance pour l'hospice de Tournus. D'autres maisons ont essayé, et, comme encouragement, m'ont assuré que je pouvais compter sur une nouvelle commande.

Mais, chacun le sait, toute maison de ce genre a un conseil d'administration qui souvent est un obstacle aux essais que l'on peut faire en cette occasion; car, sans blesser aucune susceptibilité, un homme est peu apte à juger des étoffes, s'il n'en a fait une étude spéciale. Aussi une telle innovation trouve-t-elle chez eux, sinon de la répulsion, au moins une indifférence décourageante. Dans ces établissements où le linge est une affaire capitale, il serait à souhaiter que l'on consultât les religieuses placées à la tête de la maison. La plupart de ces dames, toutes, pour ainsi dire, ont été élevées dans le luxe du linge, et sont à même de distinguer et d'apprécier les divers tissus. En leur laissant ainsi un peu plus de liberté, l'Administration, tout en conservant son autorité, n'aurait qu'à se louer de cette disposition.

Dans un examen de fournitures, dans un concours, dans une commande, ces Dames seraient un puissant auxiliaire pour reconnaître la supériorité d'une étoffe et fixer leur choix; après quoi, il serait possible de l'appliquer en grand à tous les usages que l'on désirerait.

Il serait aussi très-avantageux d'en faire l'application à l'armée. Avec de telles chemises ainsi confectionnées, le militaire ne serait point gêné dans ses mouvements au moment des grandes manœuvres. N'oublions pas qu'en raison de la qualité supérieure de l'étoffe, il ne serait pas nécessaire de renouveler si souvent le trousseau.

Et pourquoi n'essaierait-on pas d'en faire usage pour la marine? Il y a tout lieu de croire que cette toile, employée à faire des voiles, offrirait de grands avantages : elle est plus légère et plus facile à manier que les étoffes en fil; elle reçoit moins l'eau et la rend plus tôt; enfin, elle n'est pas sujette à se pourrir comme ces dernières étoffes.

Je suis loin de vouloir imposer ma volonté, et de

dire nettement il faut agir ainsi. J'aime à croire
cependant que l'on voudra bien m'accorder quelques
moments d'attention en lisant cet humble exposé.

Qu'on réfléchisse sur les inconvénients auxquels
on péut obvier par ce que je vous propose. Qu'on
expérimente, qu'on perfectionne même, et qu'on
applique mon système en petit comme en grand ;
je le mets entre les mains de tout le monde, des
tisserands et des consommateurs. En admettant, ce
qui peut arriver, que les grandes fabriques l'adop-
tent dans leurs ateliers, et qu'ils livrent cette étoffe
dans le commerce en abandonnant ses toiles de lin,
ou autres matières mélangées, la Société aurait
tout à y gagner ; l'acheteur ferait ses emplettes en
toute sécurité, et les terrains occupés par le chanvre
et le lin seraient rendus aux céréales, ressource
précieuse en temps de disette.

L'idée que je viens d'émettre est prête à se déve-
lopper. Si je rencontrais une opposition systéma-
tique, j'aurais la douleur de voir une chose utile
rester dans le néant. Mais il n'en sera pas ainsi ; un
jour ou l'autre, mes théories seront acceptées, et
alors j'aurai la joie d'avoir donné une initiative
utile à mon pays. Observons d'ailleurs que je ne
me pose pas en inventeur ; il y a longtemps que le
coton retors est connu et employé pour la couture,
ouvrage de luxe ou autres étoffes. Mais, je crois,
on ne l'a pas encore utilisé pour les linges de ménage, et nos tisserands non plus n'en ont pas confectionné.

Chose étrange que la routine ! on ne peut l'aban-
donner. Veut-on proposer telle ou telle amélioration dont les avantages sont reconnus, on crie à
l'impossible, on soulève une tempête d'oppositions
et de réclamations. Que d'hommes tels que Bernard,
Parmentier, Jacquard, et autres inventeurs ou inno-
vateurs, ont été persécutés, bafoués, après avoir
sacrifié leur vie à une découverte, et dont le mérite

n'a été reconnu que bien tard, et souvent même après leur mort! Depuis ce temps, il est vrai, il s'est écoulé bien des années pendant lesquelles l'instruction, répandue dans toutes les classes de la Société, a agrandi le cercle des connaissances, et par suite développé les intelligences médiocres. Tout me fait donc espérer que l'on m'écoutera, et que je serai compris.

On pourra dire que le coton ainsi employé pourrait aussi augmenter de prix. Non, les approvisionnements de cette marchandise sont toujours suffisants pour la consommation, et j'aime à croire que la disette de coton qui nous affligea il y a quelques années, ne se renouvellera pas de longtemps. La consommation étant plus grande, on en cultivera davantage, et le coton à tisser deviendra aussi commun que le coton à tricoter.

On dira également qu'il se produira une révolution chez nos tisserands, habitués depuis si longtemps à travailler le chanvre, et qu'on ne pourra leur confier une pièce de coton.

Ainsi que je l'ai dit dans un chapitre précédent, les tisserands, avec une légère attention, et sans modification aucune dans leurs métiers, arriveront à travailler l'un comme l'autre ; le changement de matière sera d'ailleurs tout à leur avantage.

Les esprits routiniers objecteront aussi que rien ne peut égaler le chanvre. Pour leur prouver que je n'ai d'autre but que le désir d'être utile à mes semblables, et que je laisse à chacun une entière liberté, je vais consacrer mon dernier chapitre à quelques considérations générales sur la préparation et la confection de la toile de chanvre. On pourra juger ici de mon impartialité et voir mon empressement à favoriser tous les produits et tous les progrès.

CHAPITRE VI.

Considérations sur la préparation du fil et de la toile de chanvre.

Le monde intelligent comprend aisément qu'on arrive de bien des manières à la préparation du fil, et que la toile qu'on obtient présente des qualités plus ou moins incontestables selon les procédés que l'on a employés ; je crois devoir à ce sujet vous faire part de mon expérience.

J'ai toujours vu, et mes confrères vous le répèteront, que plus le fil est doux, plus la toile acquiert de perfection, en beauté comme en qualité ; de son côté, l'ouvrier a moins de peine à la confectionner. Pour atteindre ces deux buts qui sont d'une grande importance, il suffira d'entrer dans quelques détails de préparation que le chanvre a généralement à subir avant d'arriver au tisserand.

Ayez d'abord soin, après le tillage, de ne pas laisser le chanvre exposé au grand air qui le dessècherait bien vite ; ne négligez pas, au contraire, de le faire passer à la ribe qui l'adoucira beaucoup.

Le filage est ensuite la plus délicate de toutes les opérations nécessaires pour avoir de la bonne toile. Il faut que la femme qui se livre à ce travail éprouve son chanvre pour en connaître la force, et lui donner une grosseur convenable. Elle doit éviter autant que possible les gros passages, cause des irrégularités de la toile ; tordre modérément son fil, avec mesure, afin qu'il soit bien suivi ; une trop grande torsion serait un obstacle pour le tisserand qui éprouverait des difficultés à faire joindre les fils.

Perfectionnez-vous à faire de bons petits nœuds qui peuvent se travailler sans perte de fil pour le propriétaire, et sans perte de temps pour l'ouvrier.

Au devidage, ayez soin de mettre ensemble, dans les mêmes écheveaux, le fil d'une grosseur régulière et provenant d'une même ouvrière. Je recommande encore aux personnes qui ont l'habitude d'humécter en filant, de ne pas laisser leurs écheveaux dans l'humidité, ni au grand air ni ou soleil, ni près du feu ; mais de les faire sécher sur une perche dans un milieu tempéré, autre que ceux que je viens de citer.

Evitez toujours d'entreposer votre fil dans des armoires ou autres lieux où il serait exposé aux attaques du céron et des souris.

Vient ensuite l'opération du lavage. Cette préparation n'est pas absolument nécessaire, attendu que le fil peut très-bien être tissé sans cela ; mais il est bon de le laver. Cette pratique est excellente, en ce sens que la toile est beaucoup moins sujette à se retirer.

Un grand nombre de personnes font tremper leur fil dans de l'eau de lessive, pendant deux, trois et même quatre jours, après quoi elles le battent fortement à la rivière. Ce système détériore la marchandise sans conduire au but que l'on s'est proposé.

Voici ce qu'il convient de faire en pareil cas. Mettez dans de l'eau pure, ou dans de l'eau de lessive si voulez, du son en quantité suffisante selon le fil que vous soumettez à l'opération ; faites bouillir le son et laissez tremper le fil deux jours seulement. Après l'avoir retiré, passez-le à plusieurs eaux, en le frottant légèrement. Par ce moyen, vous n'attaquerez pas la nervure de votre fil, et vous conserverez vos écheveaux en bon état.

Pour le faire sécher, prenez garde de l'étendre au grand vent ou au soleil, ce qui le durcirait. Retournez-le et secouez-le souvent ; mais choisissez votre temps, afin que votre fil ne reste pas longtemps

dans l'humidité. C'est là une recommandation géné-
rale. Y aurait-il seulement une tache mouillée sur
vingt fils qui soit enfermée dans le paquet, c'est
absolument comme si ces vingt fils étaient cou-
pés.

Par tous ces moyens et ces soins vous arrivez
toujours à avoir un fil doux et facile à tisser, et par
suite de la bonne toile.

Passons au tisserand. Son premier soin, lorsqu'il
veut monter une pièce, est de choisir le fil pour la
chaîne, et d'employer, pour cet usage, le plus
fin (1), le plus uni, et surtout le plus fort. Il doit
toujours en devider un peu plus qu'il ne suppose en
avoir besoin, pour ne pas être obligé d'achever le
compte en largeur avec du fil qui ne serait pas
pareil. S'il y en a du plus gros l'un que l'autre, le
mélanger en ourdissage, fil entre fil, pour faire
disparaître la différence, autant que possible.

Monter ensuite la pièce sur le métier, en tenant
le râteau aussi large que faire se peut. Quant au
collage, il faut éviter l'usage d'une colle dure et
épaisse qui donnerait de la raideur au fil.

Toutes ces dispositions prises, observez bien que
l'outil ne soit pas trop haut, les baguettes pas trop
près, et surtout appuyez fort sur vos marches et tra-
vaillez à pied ouvert, c'est-à-dire passez la navette
et donnez un coup avant de marcher; puis encore
un coup avant de passer la navette, et ainsi de suite.
Cette manière de travailler est pratiquée dans tous
les pays connus pour leur bonne confection.

Mais il y a encore un grand nombre de tisserands
qui l'ignorent ou la négligent, faute d'appréciation.
Je leur conseillerai d'en faire l'expérience; ils recon-
naîtront bien vite que la toile est plus fine, plus

(1) Dans certains pays les tisserands emploient le plus gros.
Je leur conseille de faire le contraire: après expérience, ils me
rendront justice.

unie et plus serrée, et leur clientèle, qu'elle se retire moins et fait plus d'usage.

Quelques tisserands éprouveront peut-être une certaine répugnance à changer leurs habitudes ; mais il s'agit ici de leurs intérêts ; ce mode de travailler réglant mieux les mouvements du corps et assurant le coup, ménage beaucoup les fils et donne une régularité plus suivie à l'étoffe, tout en soulageant l'ouvrier.

Le chanvre est un produit bien précieux ; on ne saurait prendre trop de précautions pour en tirer le meilleur parti possible. En cette considération, l'ouvrier ne reculera devant aucun sacrifice pour améliorer l'étoffe qui en provient.

Malheureusement on voit souvent à la campagne des tisserands qui ne travaillent que pendant la saison morte de l'année, se livrant, de père en fils, à leurs coutumes routinières.

Il serait à souhaiter que ces ouvriers sortissent de leur isolement, et cherchassent à profiter des conseils d'hommes plus habiles qu'eux dans l'art de tisser.

Ces considérations, dont chacun comprendra la justesse, m'ont inspiré le désir de remédier à cet état de choses ; je crois donc être utile à mes confrères et à la Société, en mettant sous leurs yeux ce petit exposé des meilleurs principes d'après lesquels on peut, je crois, faire de la bonne toile.

Le tissage ne pouvant être compris que par les tisserands, mes confrères, j'abrége les détails, me réservant de faire paraître sous peu, avec le concours de tisserands expérimentés, une autre brochure intitulée : *Le Manuel du Tisserand*, ou manière de tisser le fil, le coton retors, en uni, en croisé et en rayé. L'accueil que l'on fera à cette première fixera ma résolution.

En attendant, et pour être conséquent avec moi-même, je m'impose l'obligation de fournir à tous ceux qui en auraient besoin, un supplément d'instruction ou d'explication à ce sujet ; et je me mets à la disposition de toutes les personnes qui voudraient faire l'essai des étoffes en coton retors, soit pour la vente, soit pour la commande.

CONCLUSION.

Comme on le voit, le trésor des femmes laborieuses est appelé à rendre de grands services à la Société, en attirant l'attention sur la bonne confection des étoffes.

Dans les ménages, les femmes d'ordre et d'économie y puiseront des instructions sérieuses pour la préparation du fil et pour la bonne confection de leur toile. Si elles ne récoltent pas de chanvre, elles y trouveront le moyen de le remplacer avantageusement par le coton retors.

Avec de la patience, l'expérience viendra fixer le goût et la connaissance des étoffes de première nécessité. L'émulation, une fois éveillée par la concurrence, ce stimulant du siècle, fera tomber bien des vieilles routines. Les ouvriers, devenant plus habiles, chercheront d'autant plus à perfectionner leur ouvrage qu'ils en recevront de bons témoignages.

Le tissage est, à la vérité, parvenu à un rare degré de perfection dans les grandes fabriques ; mais dans les campagnes éloignées des centres manufacturiers, il est encore à l'état d'enfance. Les ouvriers y passent leur vie retirés, isolés ; ils entendent parler, peut-être, d'inventions, de perfectionnements dans tous les métiers, mais jamais rien ne paraît sous leurs yeux pour aplanir les difficultés de leur travail. Les journaux leur annoncent parfois

de précieuses découvertes, des concours d'expositions pour toutes sortes d'industries, toutes sortes
de produits ; mais le tissage, hélas! a toujours été
oublié. Et cependant le tissage à la main est un
art des plus utiles ; il a existé en tous lieux de temps
immémorial, et rien ne fait prévoir qu'on pourrait
le supprimer impunément.

En conséquence, il est nécessaire que l'ouvrier
voie les diverses matières employées à la fabrication de la toile, qu'il en fasse une étude approfondie,
qu'il les compare et qu'il se pénètre des meilleurs
procédés suivis dans la fabrication.

D'un autre côté, il est aussi nécessaire que le
public ait une connaissance exacte des divers produits ainsi obtenus. Donc, je fais appel à toutes les
personnes intelligentes, et les engage à soutenir
ma proposition, pour arriver à ce double résultat.

Le plus puissant moyen de donner aux uns et
aux autres les connaissances qui précèdent serait
d'établir un concours ou exposition d'étoffes. Ce
serait là un stimulant sans pareil pour l'ouvrier
routinier, et un avantage incontestable pour le
consommateur.

Avant de terminer ce court abrégé de tissage, me
permettra-t-on d'exprimer un vœu, un désir ? Non
pas pour moi, je n'aurais pas le temps d'en jouir,
mais à l'avantage du sujet que je traite, et dans l'intérêt de mes confrères.

Ah! si ma faible voix pouvait se faire entendre,
ou avait un écho pour parvenir aux savants et aux
puissants qui nous gouvernent, et qui montrent
tant de sollicitude pour les intérêts de la Société,
en industrie comme en agriculture, je leur dirais :
vous établissez des concours, des expositions ;
vous accordez des primes, des médailles aux hommes
laborieux et intelligents ; vous récompensez le travail et la persévérance ; vous cherchez partout à
répandre l'émulation, l'économie et le bien-être ;

vous encouragez même le luxe ; veuillez avec la bienveillante sollicitude qui caractérise tous vos actes jeter un regard d'intérêt sur ces citoyens modestes et paisibles qui passent leur vie enfermés dans des lieux humides et malsains ; cherchez le moyen de rendre leur existence plus sortable en employant les ressources qui sont à votre disposition. Ils ont besoin, ils ont droit aussi à votre sollicitude, à votre protection, et vous aurez fait une bonne action qui méritera à jamais les remerciments de ces humbles et modestes ouvriers, et la reconnaissance des personnes laborieuses qui s'intéressent à leur travail.

FIN.

Nous soussignés, Charles Faivre, membre du Comice de Lons-le-Saunier, et Vaubourg, instituteur et ancien tisserand, les deux domiciliés à St-Lamain, avons lu le présent ouvrage, et avons reconnu que l'auteur donne des avis qui devraient être suivis par les ménagères, étant très-économiques.

St-Lamain, le 21 novembre 1869.

VAUBOURG, FAIVRE.

———

Je soussigné, Victor Bouzon, vice-président du Comice agricole de Lons-le Saunier, déclare avoir trouvé dans le présent écrit beaucoup de conseils intéressants et instructifs pour les maitresses de maison.

Jonay, le 24 novembre 1869.

V. BOUZON.

———

M. Goydadin, tisserand à Montmorot, a été conduit, par une longue et intelligente expérience dans son métier, à réunir sous la forme précise d'un petit traité disposé avec méthode, d'utiles conseils, de précieuses indications pour les ménagères et les maitresses de maison. Partisan convaincu de la superiorité des étoffes de coton retors, il a cherché à en faire apprécier les avantages sous divers rapports. L'auteur de cet opuscule, en vulgarisant ses connaissances spéciales, aura été utile à la société.

Vernantois, le 26 novembre 1069.

C. FAIVRE
Vice-Président du Comice agricole de Lons-le-Saunier.

———

J'ai lu avec beaucoup d'intérêt le petit traité de M. Goydadin, sur le tissage et sur les avantages de l'emploi du coton retors dans la confection des linges et habillements. L'exposé en est aussi simple que clair. Cet ouvrage sera utilement placé dans toutes les maisons où l'on s'occupe de l'économie domestique, et je ne doute pas de son succès.

Lons-le-Saunier, le 30 novembre 1869.

D. QUESLIN.
Trésorier du Comice agricole de Lons-le-Saunier.

APPROUVÉ

PAR LE COMICE DE LONS-LE-SAUNIER

MENTION HONORABLE

AU CONCOURS RÉGIONAL DE 1868.

Imprimerie H. Declaré, à Lons-le-Saunier (Jura)